あなたは あなたのままで いいんだよ

気にし過ぎちゃうあなたが、
もっと幸せになるために
「まいにちパン子」が伝えたいこと

キョン
@maipan_kyon

自由国民社

はじめに

あなたはあなたのままでいいんだよ

つらいこと
悲しいことがあった時に
帰ってきたくなるような
お守りのような
本を目指して作りました

こんにちは！「まいにちパン子」の作者、イラストレーターの「キョン」です。この度は、本書を手に取ってくださり、ありがとうございます！ 数ある本の中から見つけてくださったこと、大変嬉しく思います。「まいにちパン子」は、「あなたはあなたのままでいいんだよ」というメッセージをテーマに、気持ちが軽くなるような、日常に癒やしを与えられるような存在を目指して、イラストや言葉をSNSで発信しています。

「まいにちパン子」は、もともと自分を救うために描いていました。不器用で、HSP気質で常に周りを気にして、ネガティブで自信がなくて…そんな自分がもっと幸せになるためには、どんな生き方をしたらいいんだろう？ そう思って、本を読んだり、ネットでさまざまな情報を見たりして、日々模索していました。そこで身につけた言葉や考え方を、小さい頃から大好きだったイラストに乗せて発信することで、自分自身に吸収する。そんなことを続けていたら、気づけばたくさんの方が見てくださるようになっていました。今では「パン子ちゃんに救われました」といった嬉しい言葉をいただくことが増え、応援してくださる方たちのためにも日々活動しています。

そして、この度、ありがたいことに出版のお声がけをいただきました。本になることで、枕元に置いて一日の終わりに読んだり、手に取る質感だけでも安心感が得られたりするような、SNSとはまた違った良さがあると思います。今回、この本は「つらいこと、悲しいことがあった時に帰ってきたくなるような、お守りのような本」というのを目指して作りました。一つ一つのページのタイトルを悩み事にしているので、「今、こんなことで悩んでいる…」という内容を目次から見つけてもらえるかと思います。もちろん全部に目を通してもいいし、自分に必要な部分だけを見てもいい。順番通りに読まなくたって大丈夫です。あなたにとって楽な方法でお付き合いください！

Contents

第３章

人間関係で悩んだ時

Contents

第4章

不安な気持ちになった時

column

第1章

何もかも疲れてしまった時

1

自分を好きになれない

無理して自分を好きにならなくていい

自分のことを「好き」か「嫌い」か、どっちの方がいいかというと、もちろん「好き」の方がいいかもしれない。その方が自信を持って行動できたり、上手くいかないことも前向きに考えられたり、人生が上手く進んでいくような気がする。だからといって、悩むことがない、つらい思いをしない、なんてことはない。失敗もするし、大切な人を失うこともある。

一方で、自分のことが嫌いだから、ポジティブに感じる場面がない、なんてこともない。ご飯やデザートは美味しいし、推しを見たら幸せな気持ちになれる。つまり、自分に対する気持ちが、幸せになるための絶対条件ではないのかもしれない。

だから、自分のことを好きになるために、理想を目指すことも大事かもしれないけれど、「今の自分はだめだ」と苦しまなくていい。自分のことが嫌いでも「それでもいい」と、ありのままの自分を受け入れてしまうことが、心を楽にする方法なのかも。

「ま、それでもいっか」と言ってみて！

自分のことが嫌いだと、
何事もネガティブに捉えたり、
人生がつまらないように感じることも
あるよね…

そんな時に唱えたい
魔法の一言、それは…

1

「こうあるべきだ」と思い込んでいない？

自分のことを嫌いに感じる
理由の一つに
「思い込み」がある

良い所と悪い所は表裏一体
自分にとっては嫌な部分も
誰かにとっては好きな部分になる

でも「こうあるべきだ」という自分の
思い込みに縛られてしまうのだ

好きじゃなくても「楽しい」「幸せ」を感じられる

そもそも自分のことを
好きになる必要もなかったりする

自分のことを好きじゃなくても、
「楽しい」「幸せ」を感じられるし、
自分のことが好きだから、
「つらい」「悲しい」ことがないわけでもない

だから「ま、それでもいっか」と
声に出すと、思い込みを
冷静に見直せるようになるから、
少し気持ちが楽になるかも

2

他人の幸せを喜べない

そんな自分も認めちゃう

一緒に頑張っていた同期が昇進した。仲の良い友だちが結婚した。祝福したいけれど、仕事が上手くいかなかったり、結婚が遠かったりする自分と比べてしまい、素直に喜べない。そして、そんな自分の性格の悪さも嫌になって、自己嫌悪…。喜ばしいことなのに、ネガティブな感情ばかり生まれてしまうこともある。

ただ、周りがどのように考えているかはわからないけれど、同じように心から喜べない人もいるはず。人間は周りと比べてしまう生き物。表では「おめでとう！」と言っているけれど、心の中では余裕がない、なんてことはよくあるのかも。

だから、表では相手に言葉を伝えつつ、心から祝福できない感情も今の自分だと思って認めてしまおう。余裕がないのは、身体が休まっていなかったり、「仕事で役に立たなければ」「結婚しなければ」と自分を追い込んでしまったりしているサイン。見逃さず、自分をいたわり、自分のペースで進んでいこ。

人間は周りと比べてしまう生き物

同僚が仕事で昇進したり、
友だちが結婚したり…

そんな周りを祝福したいけど、
素直に喜べない…

そして、そんな自分に対して
「私はなんて性格が悪いんだ…」
「自分はひどい人間だ…」と
自己嫌悪に陥る…

なんて時もあるよね

2

あなたと同じように心から喜べない人もいるはず

でも大丈夫！
それはあなただけじゃないから
安心して！

人間は本能的に
周りと比較をする生き物

「上手くいっている周りと比べて
自分は…」と感じてしまうのは
自然なことだよ

他人の幸せを喜べない自分を認めてしまおう

相手には拍手を送りつつ、
自分の中では正直な感情に
無理してフタをする必要はないよ

そんな自分も認めてあげよう

「心に余裕がないかも！」と
感じたら、休んだ方がいいサイン

スマホを見ない、など、周りの情報を
遮断するのも大切だよ

③

真面目なせいで損している気がする

ずるくなんてならなくていい、今のままで大丈夫

自分が一番頑張って取り組んだのに、周りに成果を奪われた。困っている友だちを助けたのに、いざという時、自分が裏切られた。そんな風にして、周りに優しく、真面目に生きていることが裏目に出ているように感じてしまうことがある。

そんな時、「これからは自分もずるくなってやろう」と考えてしまうけれど、そんなことをする必要なんてない。もちろん、周りに裏切られたり、損をしたりすることは、悲しくてつらいこと。立ち直るのに時間もかかるかもしれない。ただ、日頃から気持ちを伝えるのは照れくさいだけであって、あなたの優しさや真面目な部分に助けられている人は必ずいる。そして、そのおかげであなたが得していることもきっとあるはず。

自分の得だけを考えて行動している人は、意外と周りも気づいていて、いつかボロが出たりすることもある。だから、これまで通り、自分の信念を大事にして、優しい真面目なあなたでいてね。

「優しさが裏目に出ている」なんて思わなくていいよ

人に優しく、真面目に生きていても、
そのせいで損をしたり、
裏切られたりすること、
悲しいけど、あるよね

そんな風にあなたの
良いところにつけ込んで、
苦しめるようなことをする人、
絶対に許さない!!

3

周りの人たちは、意外とよく見ているもの

でもね、そうやって自分の得だけを
考えて行動している人って、
結構周りも気づいているもので、
いつか絶対にそのツケは回ってくるよ

実感するタイミングは少ないかも
しれないけれど、あなたの優しくて
真面目なところを見ている人は
必ずいて、そのおかげであなたが
得していることって、絶対にあるよ

自分の信念を大事にして

だから、「ちょっとくらい
ずるくなってやろう」とか
考えなくて大丈夫
あなたはあなたのままでいてね

4

頑張れない自分を責めてしまう

自分なりにできる範囲で頑張ればいい

「みんな頑張ってるから自分も頑張らなきゃ！」「周りは結果を出しているのに、私なんかが休んではいけない…」と思って、自分を追い込む。それでも結果が出ず、もっと頑張ってみるけれど、いずれ限界がきてしまう。そんな状態にもかかわらず、「頑張りが足りなかった…」とまで感じてしまう。

もちろん、そう追い込ませる環境にも問題があるけれど、一番の大敵は「みんな頑張っているのに」「結果を出せない人は価値がない」「休まず頑張ることが素晴らしい」といった、「自分の思い込み」なのかもしれない。本当に周りが頑張っているかどうかはわからないし、結果が出るのに時間がかかる人だっている。だから、そんな思い込みがあったら手放してみて。結果が出なくても真面目に取り組むあなたを評価してくれる人だっているし、あなたが健康的に頑張ることを望む人だっている。そうではない人の期待に応える必要はないよ。自分なりにできる範囲で頑張ろう。

「みんな頑張ってるから」は、あなたの思い込みかも

みんな頑張ってるのに、
どうして自分は頑張れないんだろう…
と思うことって、あるよね

そんなあなたは今…
「みんな頑張ってるおばけ」
に、おそわれている!!

4

思い込みは手放して、逃げて！

頑張ってるように見える人も
裏では何もしていないかもしれないし、
頑張ってる姿を見せない人もいる

周りがどれくらい頑張ってるかなんて
実際わからない

だから、「みんな頑張ってるおばけ」は
あなたが作った空想の敵！

人の期待に応える必要なんてないよ

人それぞれ熱量を持ってできること、
休みが必要なタイミングが違う
あなたはあなた
自分がやりたいことを選んでいいし、
疲れたら休んで、頑張れる時に
やれば大丈夫だよ

5

楽をすることに罪悪感を感じてしまう…

自分を大切にするために、どんどん楽をする

「楽をする」というと、やるべきことをさぼっているような、ちょっとずるい感覚がある。だから、楽をしている人を見つけると「もっと頑張りなよ」とか「後から後悔するよ」とか、非難するような人もいる。でも、それはその人が頑張っている分、自分より怠けている人や要領の良い人がうらやましいだけかも。「楽をすることは悪」という考えがあったら、捨ててしまっていいよ。

もちろん自分の目標や成長のためには、楽できない場面もたくさんあると思う。何かに向かって頑張ることはすごいこと。でも、仕事が忙しければ家電に課金したり、出前を頼んだり、周りに頼ってもいい。そんな風にちょっと楽をすることで、身体が休まったり、効率化が進んだりして、実は実直に頑張るよりも良い結果が得られたりする。

自分を大切にするためにも、周りになんと言われようとも、どんどん楽をしてしまおう。

楽を非難する人は、要領の良い人がうらやましいだけかも

楽をしようとすると、

と非難してくる人もいる

人間は本能的に不平等を
嫌うものでもあるし、
「頑張る」という行動が
美徳とされている

だから、楽をすることに罪悪感が
わくこともあるよね…

5

楽をする方法を考えてみよう

そんな非難や罪悪感に
縛られていたら…

自分を解放してあげて!

仕事や家事、自分の力で
頑張ることもすごいけど、

お金を払って何かに頼ったり、
楽をする方法を考えることも、
立派な労力の一つ!

周りになんと言われようとも、楽をしてしまおう

楽をすることは、
自分を大切にすることにもつながる

悪いことばかりじゃないよ
どんどん楽しちゃお！

6

無理をしている状況がつらい

自分を守るために、逃げてもいい

つらくて逃げたい状況であっても、「そんなことで逃げていたら、この先ずっと頑張れないよ」と、自分を追い込んでしまうことがある。そういうことを言ってくる人もいるし、周りにそう言われなくても、自分で自分を苦しめていたりする。

「逃げる」という言葉はネガティブな印象が強く、「逃げないことがかっこいい、正しい」と考えられがち。だから、なんとなく逃げたら良くない結末が待っているような気がしてしまう。でも、「適材適所」という言葉があるように、もしかしたら逃げた先には今より良い環境が待っているかもしれないし、自分にとって本当に得意なものと出合えるかもしれない。そう思うと、「逃げる」ということは全然悪いことではない。

だから、もしつらい気持ちでいっぱいになってしまったら、逃げていい。本音を抑え込もうとしなくていい。自分を守れるのは自分だから、限界が来るまで耐える必要はないよ。

「逃げる」ということは全然悪いことではない

「逃げちゃだめ！」
そんな風に自分を苦しめてない？
そんなことを言う人が
周りにいるなんてもってのホト!!

人の心はよく「ビン」に例えられる

「ビン」の大きさは人それぞれで、
ストレスがたまると「水」が入ってくる

6

「ビン」が割れてしまうまで抑え込まないで

入ってきた「水」は自分の力で
取り出す必要がある
それが「ストレス発散」

もしそこでストレスを発散しないと
「水」がいっぱいたまってしまい、
いつか「ビン」は割れてしまう

限界が来るまで耐える必要はないよ

その「ビン」は、直すことはできるけど、
元に戻すのに時間がかかるし、
一度割れるともろくなってしまう

自分の「ビン」を守れるのは
自分しかいない
だから、もっと自分を大切にしてね

7

またさぼってしまった

自分の本心を大切に、ちょっとずつ

計画表を作ったのに、思い通りにいかなかった。やることはあるのに、気づいたらスマホを眺めて一日が終わった。「なんでこんなに自分はだめなんだろう…」と自己嫌悪になってしまう日もある。

そんな背景には、高過ぎるハードルを設定していたり、やりたくないことに向き合っていたり、といったことがある。もちろん高みを目指すことは大事だし、好きなことばかりやって生きていけるなんてこともない。でも、自分が取り組みやすいペースで頑張ることによって、立ち止まる回数を減らすことができたり、自分の好きなことに向かっていれば、多少やりたくないことも頑張れたりするかもしれない。

そのためには、自分の心との対話が必要。「休まず頑張るべきだ」「将来のためにこういう仕事を目指すべきだ」といった周りの声ではなく、「自分は今、休みが必要？」「向かっている方向に違和感はない？」と、本心に耳を傾けることが大切なのかも。

自分の頑張りを認めてあげて

と、自己嫌悪になってしまうこと、
あるよね…

でも、本当に自分に甘い人は、
そもそも自己嫌悪になることもない

そんな風に感じるのは、
これまでたくさん頑張ってきた証拠！
自分を責めず、頑張りを認めてあげてね

7

やることが思うようにできなかった
背景にはこんなものがあったりする

① 完ペキ主義で理想が高い

② 本当はやりたくない

自分が取り組みやすいペースで頑張る

自分の本心に耳を傾けてみよう

そんな時は…
自分の心とニコイチになる!!

自分の声を一番に聞き、
自分の幸せのために行動する
心はいつも自分とともにいるようにするのだ

自分が「疲れた」と感じたら休んでいい
自分が「何か違う」と感じたら
辞めてもいい

そうすることで、自分の幸せに向かって
自分のペースで進めるようになるのかも

8

休み明けを頑張ったあなたへ

憂鬱な気持ちのサインを見逃さない

日曜日の夜、次の日の学校や仕事のことを考えて、憂鬱になってしまう。「サザエさん症候群」なんて言葉があるように、多くの人が抱える感情だと思う。休日は誰かと出かけたり、好きなことをしたりするのに対して、平日はさまざまなストレスを抱えて働かなければいけない。そんなギャップによって、憂鬱になってしまう。

程度はあるけれど、多くの人が仕事に対してネガティブな感情を持っているから、休み明けにウキウキしている人はあまりいないかもしれない。でも、憂鬱な気持ちがあまりにも大きいように感じたら、それは身体がＳＯＳを出しているサイン。

社会的なルールやマナーはあるけれど、「今の会社で働き続けなければいけない」「頑張り続けなければいけない」という絶対的なルールはない。周りの目を気にすると、仕事を辞めたり、休みづらかったりするけれど、ＳＯＳを見逃さず、今の状況が自分にとって大切なものなのか考えてみて。

頑張った自分をほめてあげよう

休み明けなのに、今日一日
頑張ったあなたはとてもえらい！

会社や学校に行った人も、
そうではなかった人も、みんなえらいよ

今日はどんな一日だった？
昨日の夜や今日の朝は
すごくしんどかったけど、
行ってみたら意外と日常に戻れた？

それとも、やっぱりまだしんどい
気持ちは続いてる？

8

「頑張り続けなければいけない」というルールはない

そんな時に一つ覚えていて
ほしいこと、それは…
「〜しなきゃいけない」ことは
存在しない！

もちろん社会で定められたルールは
守らなければいけないけれど、

根拠のない周りの意見や
勝手な思い込みで自分を
縛ってしまっていることがある

自分のSOSを見逃さないで

もし耐えられないくらい
しんどい気持ちが続いている場合は
現状を変えた方が良いサインの
可能性もあるよ

「これは自分にとって本当に必要？」と
疑う姿勢を持ってみてね

column

「パン子」って何者？

あなたの心をふんわり包み込むパン

SNSで発信中である「まいにちパン子」の主人公「パン子」は食パンの女の子。悲しみや怒り、不安、焦り…そんなネガティブな感情を持つ人たちを元気づけるために、不思議な力を持ったパン職人によって、パン子は生まれてきました。
パン子は「ちょっとしんどいなあ」「疲れたなあ」なんて感じる人のもとに現れます。毎日学校や仕事で頑張るあなたを応援したり、上手くいかない人間関係に疲れたあなたを癒やしたり。もっちりした食パンに包まれているかのように、あなたの心をふんわり包み込みます。

【プロフィール】

- 名前：食・パン子
- 誕生日：2月15日生まれ
- チャームポイント：シュールなお顔ともっちりふわふわボディ
- 住んでいるところ：ひみつ
- 好きなこと：食べること
- 好きなもの：炭水化物
- 悩み：すぐにお腹が出てしまうこと

第2章

仕事が上手くいかない時

❶

頑張り続けることが苦しい!

自分の気持ちに敏感になる

「頑張る」ことはもちろんすごいけれど、実は「頑張らない」方が難しいのかもしれない。それは、小さい頃から頑張ることを美徳として育ってきているから。部活で誰よりも遅くまで残って練習をしたり、朝から晩まで長時間勉強に取り組んだり。たとえそこで結果が出なかったとしても、そういう姿勢は評価されやすい。そんな価値観のもとで生きていくと、「頑張らない」=「怠けている」「やる気がない」と悪いイメージが植え付けられ、少しでも手を抜く自分を許せず、「頑張らない」ができない状態になってしまう。

とはいえ、何事も100%で頑張り続けることは難しい。でも、身体が目に見える数字で限界を教えてくれるわけでもないから、どこまで頑張るか線引きすることも難しい。だからこそ、「疲れたなあ」とか「しんどいなあ」とか、ちょっとした自分の気持ちに敏感になって、たまには「頑張らない」時間を作ってね。

頑張ることが美徳とはかぎらない

「頑張る」よりも「頑張らない」方が
実は難しかったりするよね…

それは、物心がついた頃から、
「頑張る」=「正しい」が
刷り込まれているから

これまで頑張りによって
認められた経験が多いほど
「頑張ってない」=「悪」という
考えが強かったりする

1

もちろん、そういう気持ちが
モチベーションにもなるから、
決して悪いことではない!

でも、「頑張り」には際限がなく、
身体を壊してまで無理してしまう
ことだってある

つらい気持ちにフタをしないで

そんな時に思い出してほしいこと!

①自分の心の声に敏感になる

頑張ることが当たり前になっていると、
つらい気持ちにフタをすることにも
慣れてしまっていることが多い

「頑張る」「頑張らない」を自分で選べるようになろう

② 「これは頑張らなくてもいいかも」
と一度疑ってみる

自分にとっては完ペキじゃなくても、
周りから見たら合格点だったりと、
頑張らなくてもいいことも意外とある

頑張れる人はすごいけど、
身体が限界を迎えても
頑張る必要はないからね

「頑張る」「頑張らない」を
選べるようになれるといいのかも

❷

だめ出しされてつらい…

周りの意見は選んでいい

「周りに気を遣えないよね」とか「この仕事に向いてないよね」とか、心ない指摘をしてくるような人もいる。そんな風に言われたら落ち込んでしまうし、一つのネガティブな意見でも、それが周りの総意のように感じてしまうこともある。

でも、あくまでも一意見。その人の価値観に基づいて、あなたのほんの一面から判断した発言であって、周りも同じように感じているとはかぎらない。さらには、寝不足だったり、仕事が忙しくて余裕がなかったり、そんな状態で八つ当たりのように言ってくることだってある。

もちろん周りの声を聞くことは、成長にもつながっていく。でも、すべての声を取り入れようとすると、自分自身も苦しくなってしまうはず。だから、選んでいい。自分のことを一番理解しているのは自分。進みたい方向に向かって、信じたいと思える相手の意見を大切にする。そうではない周りの声には、反応しなくて大丈夫だよ。

すべての声を取り入れなくてもいい

いろいろ言ってくる人も
いるけれど…
真に受けなくて大丈夫！

あなたのことを100%
理解したうえでの言葉では
ないから！

あなたが過去にやってきたことや、
あなたの一日の行動を
すべて見ている人はいない

意見を言ってくる人も
あなたのほんの数%だけを見て
判断している

2

周りの総意ではなくて、一意見にすぎない

ましてや、その評価も
日によって変わる時だってある

寝不足でイライラしていて、とか
そんなことで変わるくらい
テキトーなものもあったりする

自分の考えを信じることは
簡単ではないけれど、
あなたの味方は絶対にいる

自分のことを一番理解しているのは自分

自分が信じたいと思う人の
言葉だけを選んでいい

そう思えない人の言うことは
「こういう見方もあるんだな」くらいの
気持ちで大丈夫だよ

③

なんでもできるように振る舞ってしまう

できない部分を認め、等身大の自分でいる

誰しも承認欲求はあるもので、「すごい！」と思われたい気持ちから、できないこと、苦手なことを隠そうとしてしまう。仕事でわからないことがあっても、理解しているように振る舞ってしまったり、仕事を多く抱えていても、平気なフリをして一人で全部こなそうとしたり。でも、一度そういう行動をすると、どんどん後の自分を苦しめてしまう。わからない仕事が再びやってきても、周りには理解していると思われていて、今さら聞けなくなってしまう。仕事をたくさんこなせる人だと思われると、さらに量が増えてくる。

周りにできないところを見られると、自分は認めてもらえないような気がしてしまう。でも、誰しもそんな部分があるもの。そっちの方が人間らしくていい。できない自分を認めてしまって、素直に周りに頼れる方が上手く進んでいくこともある。だから、結局は等身大の自分でいることが一番楽な生き方なのかも。

承認欲求に振り回されないで

「周りからすごいと思われたい!」
という気持ちから、

全部完ペキにこなそうとしたり、
なんでもできるように振る舞ってしまったり…
なんてこともあるよね

もちろんそれで結果を出せることも
あるから、その気持ちも大切だけど、

完ペキにとらわれ過ぎて
疲れてしまわないようにね

③

一度の背伸びが、後の自分を苦しめることもある

等身大以上に背伸びをすると、
背伸びした自分を
維持し続けることになる

最初は上手くいったとしても、
どんどん自分を追い込むことになり、
いつか限界が来てしまうかも

できない自分を認めて、周りに頼ってもいい

「完ペキ」にできたら
そりゃかっこいいけど、
それが周りから認められる
絶対条件じゃない

結局、等身大の自分でいることが
一番心が楽で、
成長スピードも速かったりするのかも

背伸びせず、
そのままのあなたでいいんだよ

4

全部自分が悪いと思ってしまう

適度に周りのせいにしちゃう

仕事で失敗した時や、コミュニケーションが上手くとれず、誰かとぶつかった時、「もっとこうしていたらよかったんじゃないか…」「自分があんなことをしなければよかったのに…」と落ち込むことがある。もちろん同じ失敗をくり返さないために、反省したり、対策を考えたりすることは大事なこと。だけど、すべての責任をあなただけが背負い込み、苦しくなってしまう必要はないよ。

どんな出来事も、あなたが100%すべての要因になっている、なんてことはない。仕事でミスをしたとしても、組織がミスを起こしやすい環境を作っていたかもしれないし、上司が確認を怠っていたかもしれない。誰かと喧嘩をしたとしても、あなたの考え方が悪いのではなく、相手との相性が良くなかっただけ。

「周りのせいにする」というと聞こえは良くないけれど、適度に「周りにも責任があった」と思って大丈夫。もう少し楽に考えてもいいんだよ。

適度に「周りにも責任があった」と思って大丈夫

つらいことがあった時、
「自分がこうしていたら…」
「もっとこうだったら…」と
自分を責めてしまうことってあるよね

もちろん、同じ過ちをくり返さない
ために、反省も必要！
でも、それだけじゃあなたが
つらくなってしまうから、
魔法の言葉を教えるね！

4

100%あなたが悪い出来事ってほとんどない

そういう時は自分にこう言おう!

「あなたは悪くない!!」

あなたの行動によって
防げた問題もあったかもしれない
でも、一つの出来事はいろんなことが
重なって起きているから、
100%あなたが悪い出来事って
ほとんどない

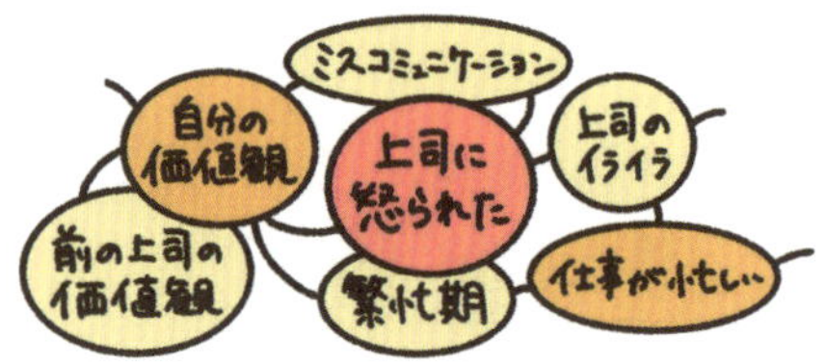

背負い込み、苦しくなってしまう必要はないよ

だから、自分のせいにし過ぎず、
他の要因にも目を向けてみると
少し楽になるかも

⑤

優秀な後輩がプレッシャー

あなたにしかできないことに集中する

自分よりも経験が浅いはずなのに、自分だって頑張っているのに、後輩の方が評価されている、なんてこともある。目に見える評価や数字で差が明らかになると、自分の不器用さ、要領の悪さが浮き彫りになってしまう。また、今まで自分が教える立場であったり、周りから後輩と比較をされたりすると、なおさらしんどい。

そんな中で「後輩と比べなくていいよ」なんて言われても、無理な話だけれど、本当に比べなくて大丈夫。後輩の方が経験は浅かったとしても、これまでの人生の中で培ってきた経験や能力が、たまたま今の環境に結びついて、力を発揮しやすかったのかもしれない。物事が上手くいくタイミングは人それぞれだし、運要素もあったりする。優秀な後輩がいる中で頑張ることはつらいけれど、あなたにはあなたにしかできないことが必ずあるはず。そこに集中してやり抜くことで、いつの間にか後輩の存在も気にならなくなっているかも。

郵 便 は が き

料金受取人払郵便

豊島局承認

5629

差出有効期間
2026年10月
31日まで

●上記期限まで
切手不要です。

170-8790

333

東京都豊島区高田3-10-11

自由国民社

愛読者カード　係 行

住所	〒□□□-□□□□　都道府県　市郡(区)			
	アパート・マンション等、名称・部屋番号もお書きください。			
氏名	フリガナ	電話	市外局番　市内局番（　）番号	
		年齢	歳	
E-mail				

どちらでお求めいただけましたか？

書店名（　　　　　　　　　　　　　　　）

インターネット　1．アマゾン　2．楽天　3．bookfan
4．自由国民社ホームページから
5．その他（　　　　　　　　　　　　　　　）

ご記入いただいたご住所等の個人情報は、自由国民社からの各種ご案内・連絡・お知らせにのみ利用いたします。いかなる第三者に個人情報を提供することはございません。

『**あなたはあなたのままでいいんだよ**』を
ご購読いただき、誠にありがとうございました。
下記のアンケートにお答えいただければ幸いです。

●本書を、どのようにしてお知りになりましたか。

□新聞広告で（紙名：　　　　　　　　　　新聞）
□書店で実物を見て（書店名：　　　　　　　　　　）
□インターネットで（サイト名：　　　　　　　　　　）
□SNSで（SNS名：　　　　　　　　　　）
□人にすすめられて　□その他（　　　　　　　　　　）

●本書のご感想をお聞かせください。

※お客様のコメントを新聞広告等でご紹介してもよろしいですか？
（お名前は掲載いたしません）　□はい　□いいえ

ご協力いただき、誠にありがとうございました。
お客様の個人情報ならびにご意見・ご感想を、
許可なく編集・営業資料以外に使用することはございません。

後輩と比べなくて大丈夫

自分は先輩なのに後輩の方が優秀…
私も頑張ってるのになんで…
どうして自分は不器用なんだろ…
って焦ってしまうことってあるよね

比べてしまう気持ち、
すごくわかる…

評価や数字で目に見えると
より一層ヘコむよね…

5

物事が上手くいくタイミングは人それぞれ

でも！今日から
後輩と比較するの禁止!!

あなたと後輩がたどってきた
人生って全然違う

後輩はたまたま今の環境が
これまでの経歴で培ってきたパワーを
最大限に活かしやすい場だったのかも！

あなたにしかできないことが必ずある

だからこそ！後輩が経験していない、
あなたにしかできないことが必ずある！

そこに目を向けて、あなたの良さを
最大限に活かす方法を考えよう！

6

周りの言う通りにしても上手くいかない

自分の行動を決めるのは自分

「もっとこうした方がいいよ」とか「これはやらない方がいいんじゃない」とか、アドバイスをくれる人もいるけれど、それはあくまでも一人の考え方であって、鵜呑みにしないようにね。あなたのためを思って言うこともあるけれど、時には大して考えずに発した言葉や、誰かの発言の受け売りなど、適当なものも混ざっている。そんな言葉を信じて行動し、上手くいかなかったとしても、相手は責任を取ってくれないことの方が多い。どんな意見でも実際に行動したのはあなたであって、周りからはあなたの意見として見られるはず。

だから、周りの言葉はあくまでも「一つの声」だと捉えるようにする。まずは自分の意見を持ったうえで、周りの意見を吟味し、そっちの方が正しいと感じたら取り入れる。周りに何か言われても「自分の行動を決めるのは自分」という軸を持っておくことで、物事も進めやすくなるのかも。

アドバイスを鵜呑みにしないようにね

自分に対して
いろいろ言ってくる人、
いるよね…！

そんな時に思い出してほしいこと
それは…

相手は言ったことに対して
「責任を取ってくれない」
ということ！

6

周りの言葉はあくまでも「一つの声」

もし相手の言葉を真に受けても
実際に行動するのはあなた

そして、仮に失敗しても
責任を取らなければいけないのは
あなたなのである

あなたのためにに言ったことでも、
その人はあなたのすべてを知らないし、
その場の思い付きや気分で
言葉を発していることだってある

「自分の行動を決めるのは自分」という軸を持つ

もちろん周りの意見に従った方が
いいこともあるけれど、
ただ鵜呑みにせず、
自分が納得したうえで選んでね

7

人に頼れない

頼られるって、実は嬉しいこと

「周りに頼る」ってすごく難しい。相手の貴重な時間を奪ってしまうような、自分のせいで相手に迷惑をかけてしまうような感覚がある。また、周りに頼ることで、自分が楽をしていたり、仕事ができない人だと思われたりするのではないか（実際はそんなことないけれど）と、周りの目を気にしてしまうこともある。

でも、逆の立場になって考えた時、実は頼られるって嬉しいことでもある。「頼る」というのは相手を信頼していないとできないことだし、嫌いな相手にわざわざ頼るようなこともない。頼られることによって、周りから信用されていて、役に立っていると実感できる。誰しも承認欲求を持っているものだから、多くの人が「頼られるのは嬉しい」と感じるのではないだろうか。

だから、あなたも周りに頼り、周りもあなたに頼る。決して簡単なことではないけれど、そんな状態を作れると、より働きやすい環境ができるのかも。

自分のせいで相手に迷惑をかけたくない

「時間を奪うのが申し訳ない…」
「自分で最後までやらなきゃ」と思って、
人に頼れない時ってあるよね

責任感が強くて優しい
あなたはえらい!!
まずはそんな自分をほめてあげよう!

7

「人の役に立ちたい」欲求は人間の本能

でも、時には周りに頼った方が
いいこともあるから、
「頼りたいかも…」と思ったら、
この話を思い出してみて！

周りに迷惑をかけないように
頑張る気持ちの根底には
「人の役に立ちたい」という
欲求が本能的にあるんだって

そして、この欲求は周りも持っている！

あなたも周りに頼り、周りもあなたに頼る

つまり…「あなたの役に立ちたい！」
という人もいるということ！
あなたがその人に頼ることで、
その人の欲求を満たすことができる！

まずは小さなことから頼ってみて！
そうすると自分が思っているよりも、
頼ることは迷惑じゃないと
思えるはず！

8

悩み過ぎちゃう

一度悩んだら、あとは時間に頼っちゃう

ショックな出来事があると、他のことに手がつかないくらい、落ち込んでしまうこともある。「こうするべきだった…」と反省することも、もちろん大事なこと。たくさん考え抜いた方が良い方向に進むような気もする。ただ、何事もさまざまな要因が重なっているもので、自分の力だけでは解決できないことも多い。必要以上に引きずると、その時間も後々後悔につながってしまう。

だから、ある程度整理がついたら、もう考えない！　考えないようにしても、気づいたら落ち込んでしまうけれど、そんな暇もないくらい自分の時間を過ごしてしまう。趣味や仕事で忙しくしてもいいし、家族や友だちと会う回数を増やしてもいい。とにかく、ぼーっと考えてしまうようなタイミングを作らないようにする。そうすることで、時間があなたの傷を少しずつ癒やしてくれるはず。時間の経過を利用して、ちょっとずつ前に進んでいこ。

何事もさまざまな要因が重なっているもの

「あぁ…こうすればよかったのかな…」
うまくいかなかった時、
ず〜っと悩んじゃうよね

もちろん反省は大事！
失敗をくり返さないためには
絶対に必要なことだからね

8

落ち込む暇もないくらい自分の時間を過ごす

でも、必要以上に悩んじゃって、
他のことまで上手くいかないことも…

そんな時は…
「脳みそくんを誘導する」!!

脳みそくんは、放っておくと
勝手に「悩み」に向かっちゃう…
だから、強制的に違うことを
考えるものを用意するのだ！

ある程度整理がついたら、もう考えない！

どうしても解決するまで
悩もうとしてしまうこともあるけれど、
自分の力だけではコントロール
できないことも多かったりする

だから、ちょっと悩んだら
もう考えないようにする！
たまにはこういう選択が
必要な時もあるよ

column

失敗しちゃった…

入社１年目のＡ子さん。

慣れない仕事が続く中、今日は大きな失敗をしてしまいました。一日中そのことで落ち込み、帰りの電車ではついつい涙が。そんな中、ふと電車の外を見てみると…。

何事も波があるもの。上手くいかないからこそ、その分成長できるし、成功した時の喜びは大きくなる。どんどん失敗しちゃお。

第3章 人間関係で悩んだ時

1

「なんか苦手かも…」と思う人が現れた！

苦手な相手を通して、自分を知り、自分を守る

苦手な人が現れると、ついネガティブモードに入ってしまうけれど、そんな時は自己分析の材料にしてしまおう。「なんでこの人のこと、苦手なんだろう？」と考えてみると、「昔、自分のことをいじめてきた人に似ている」「自分の容姿に対して、いろいろ言ってくる」など、要因が見えてくるかもしれない。すると「自分は過去の出来事に縛られているな」とか「容姿に強いコンプレックスを抱いているのかも」とか、自分の価値観や気持ちも理解できる。そうやって、自分のイラッとしたり、悲しくなったりするポイントを知っておくと、苦手な特徴を持つ人には近づかないように予防線を張ったり、対策も考えたりできる。

ただ、これはあくまでも、自分の心に余裕があり、冷静になれる状態の話。苦手な人の存在によって、大きなストレスを感じてしまっている時は、耐えたり、攻略しようとしたりせず、逃げる選択肢を持つことも忘れないでね。

苦手な人は自己分析の材料になる

「この人、なんか苦手かも…」
と感じる人、たまにいるよね…

そんな人が現れた時は…
自分を理解するチャンス！

1

自分の価値観や気持ちを理解する

「無理！」と感情的になって、
避けたい気持ちは一旦抑えて、
「なんでこの人のこと苦手なんだろう？」
とじっくり考えてみて！

そうすると、自分の価値観や、
つらいと感じる要因が見えるはず
そして、それは自分が取るべき
行動にもつながってくる！

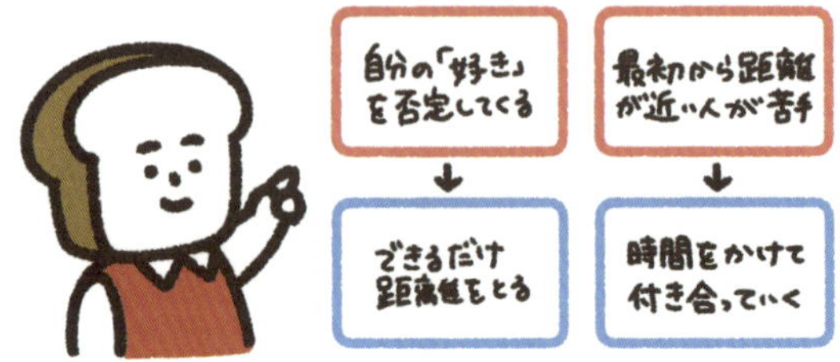

苦手な特徴を持つ人への対策を考える

苦手な人だけを避けて
生きていくことは難しいけれど、
自分がネガティブになる状況を理解
しておくと、自分を守りやすくなるよ

②

誰にも嫌われたくない！

自分のやりたいように行動しちゃう

誰かと接する中で「この人、私のこと好きじゃないだろうな」と感じると、存在が否定されたような、悲しい気持ちになる。誰にも嫌われず、みんなが自分のことを肯定してくれたら、どんなに楽だろうか。でも、そんな自分だって苦手な人はいるし、あんなに美味しい「焼肉」ですら嫌いな人がいる。どんな存在も一部の人には嫌われてしまうものなのである。誰にも嫌われないように行動しようとすると、常に周りの顔色をうかがってしまう。周りが何を考えているのか正解もわからないから、いつまでも自分の行動に自信が持てなくなる。

だから、自分のやりたいように行動する。どんな行動も批判がつきものなのであれば、好きなようにやってしまった方がいい。誰かに嫌われるというのは、裏を返せば、必ず好きになってくれる人もいるということ。そんな味方を大切にすることで、自分自身を尊重でき、自信を持てるようになるのかも。

どんな存在も一部の人には嫌われてしまうもの

みんなが自分のことを好きで、
そんな人たちに囲まれて
生きていけたら幸せなのに！

でも、そんなに上手くいかない…

たとえば、道端にゴミがあったとして、
それをスルーすると

と言われるし、

逆に拾っても

と言う人もいる

2

自分の好きなようにやってしまった方がいい

というように、どんなことでも
批判をしてくる人はいるのだから、
誰に対しても良い顔を
するような振る舞いはできない

じゃあどうすればいいのか…
それは…
「自分が好きな自分でいる」
ということ！

味方を大切にすることで、自信を持てるようになる

誰かの顔色をうかがって行動すると
批判されても「あの人がこう
言ったから…」と行動に根拠や
自信が持てず、自分のことも
嫌いになってしまう…

自分の心に嘘をつかず、
納得できる選択をすることで、
自分のことをもっと大切にできるはず！

❸

悪口を言われた！

悪口は受け取らなくていい

どんなに性格が良くても、それすら気に入らない人もいるもので、誰しも悪口を言われた経験はあると思う。「可愛くない」とか「仕事ができない」とか、悪口を言われると胸にズシンと重たい苦しみが残る。また、昔言われた悪口は、何歳になっても呪縛霊のように付きまとい、最近誰かに言われたわけでもないのに、今もなお自分の行動に影響を及ぼすこともある。

悪口は、ある一人が感じているただの「感想」であり、別の誰かは全く逆の意見を持っていることもある。また、その言葉が耳に入らなければ、自分の気持ちや意識は変わらない。言葉もモノのように、ただそこに「あった」だけなのである。だから、悪口を言われたからといって、あなたの価値は下がらない。嫌な言葉をスルーできるような、強靭なメンタルを持つことは決して簡単ではないけれど、悪口を受け取らない選択肢もあることを忘れないでね。

誰しも悪口を言われた経験はあると思う

生きていれば、
悪口を言われちゃう
そんな日もある

言われたことが頭の中を
ぐるぐるして、つらくなったり、
悩んだりしてしまうよね

③

悪口は、ある一人が感じているただの「感想」

そんな時に一つ思い出して
ほしいこと…それは…
「何を言われても、あなたの
価値は変わらない」
ということ！

悪口を言われると、自分がそうなった
ように感じてしまうけれど、
あくまでも「ただ一人の意見が
言葉として発された」という
「事実」があっただけ
あなたは何も変わっていない

悪口を受け取らない選択肢もある

悪口は周りの信頼を失う行為
だから、自ら価値を下げているだけ
そんな人のせいで
自信を失って行動できなくなったり、
悪口で対抗するのはもったいないよ

4

苦手な人に好かれちゃう

あなたにも人を選ぶ権利がある

誰かに好かれると嫌な気はしないけれど、それが苦手な相手だと、ちょっとしんどい。苦手だと感じるポイントは人それぞれあるけれど、もしそこにあなたを見下しているような、従えようとするような感覚があったら注意が必要かもしれない。そういう人は、自分の弱さから「相手を自分の思い通りにしたい」「周りを下げ、自分が優位に立ちたい」なんて気持ちがあったりする。そして、立場が低い人や、どんな行動をしても歯向かってこない、優しくて温厚な人に近づいてしまうのである。

自分に好意を持つ人を断るには勇気がいるけれど、本当にあなたのことを思ってくれるような人であれば、あなた自身を尊重し、対等な目線で接してくれるはず。付き合う相手を選ぶ権利はあなたにも必ずあって、常に「来るもの拒まず」な姿勢を持たなくてもいい。苦手な相手と過ごす時間は、自分の好きなことや好きな相手に費やそう。

従えようとする人が近寄ってきたら要注意

周りの人に優しく、温厚なあなた、
苦手な人にまで好かれちゃう、
なんて経験はない？

特に、普段人を傷つけたり、
周りを自分の思い通りに
コントロールしようとする、そんな人が
近寄ってきたら逃げて！

4

おそらく、今、あなたはその人に
「自分を受け入れてくれる人」認定
されている！

その人は、多少嫌なことをしても
自分に対して優しくしてくれる、
数少ない貴重な存在に
頼っているのである

自分に好意を持つ人を断るには勇気がいる

でも、そういう人はあなたを
散々疲れさせた挙げ句、
もっと良い環境があったら
すぐそっちに行ってしまう
なんてこともある

人を断る勇気を持つことは
すごく難しいけれど、
自分を守るためには必要だったりする

周りにも頼りながら
ちょっとずつ離れていこ

⑤

あの人に嫌われているかも…

こっちを向かない人は無理に追わない

自分のことを好きではなさそうな人がいると、その悲しみを解消するために「どうしたら好きになってもらえるだろう」と考えてしまう。その相手と接する時も、その人が好みそうな発言や行動を意識して、疲れてしまうこともある。ただ、人の好みにはさまざまな理由がある。「この人の顔が好きだから好き」「好きな人があなたを好きだから、あなたは嫌い」「自分よりも仕事ができるから気に食わない」なんて風に、あなたがどんなに努力をしても、コントロールできないことも多い。

誰かと会った後を思い出してほしい。その中で、「あ〜すごく楽しかったな」と思う相手もいれば、「あぁ…疲れた…。あの話をして大丈夫だっただろうか…」と思う相手もいると思う。前者はきっとあなたと相性が良い。後者のように、常に気を遣い、自分から離れてしまいそうな相手を無理に追わなくて大丈夫。一緒にいて楽で楽しい相手を大切にしよ。

どうしたら好きになってもらえるだろう

誰かと接していると
「この人、自分のこと好きじゃなさそう」
と、感じることってあるよね

「この人はどんな会話が好きかな？」
「どうしたら好きになってくれるかな？」
と好かれる方法を考えながら
接してしまって、

その人に会うと疲れちゃう、
なんてこともある

5

人の好みにはさまざまな理由がある

そう感じるようになったら
離れた方がいいサイン！
一旦距離を取ろ！

好かれていないことを感じるのは
とてもつらいけれど、
その理由は理不尽だったり、
自分ではどうしようもできないことも
多かったりする

相手を無理に追わなくて大丈夫

こっちを向いていない人を
無理して追う必要はないよ

「自分のこと好きじゃないかも…」
なんて悩みを感じさせない、
一緒にいて楽な人を選んでね

6

自分を見下してくる人がいる

あなたではなく、相手に要因がある

明らかに傷つくとわかっている言葉を投げてきたり、そんな態度を取ってきたりと、自分を見下してくるような人もいると思う。そういう人は、まるで自分が強い人間であるかのように振る舞っているけれど、むしろ真逆。自分の弱さや自信のなさを隠すために、強い言動で周りを攻撃することによって、自分を保っているのかもしれない。本当に強い人間は、相手を思いやって接する余裕があり、周りからも厚い信頼を得ていて、力を証明するような必要もないのである。

だから、自分を見下してくるような人に出会ったら、「自分が弱いからだめなんだ」「自分の能力が低いから、そう言われるんだ」と、自分を責めず、相手の心に要因があると思っていい。そして、相手と距離を取り、誰かに相談するなど、何か行動をする。周りに自分を雑に扱うことを許してしまうと、自分も自分を大切にできなくなってしまうよ。

弱さや自信のなさを隠すために攻撃する人がいる

人の上に立とうとしてくる人は、
本当に強いから立とうとする
のではなく…

むしろ本当は弱くて自信がない
だから、自分より弱い人を集め、
周りを見下すことで自分を
保とうとしている!

6

自分を責めず、相手の心に要因があると思っていい

その人は、あなたから見ると、
能力が高かったりして、
「自分が下に見られるのは仕方ない」
と感じるかもしれない

でも、自分のことを雑に扱うことを
許してはいけない！
そんな状態に耐え続けると、
自分を消耗してしまう

周りに自分を雑に扱うことを許してはだめ！

いきなり離れることができなくても、
一定の距離を保つ！
自分が自分の一番の味方で
いてあげてね

7

傷つくことを言われた！

あなたがうらやましいだけなのかも

あなたが傷つくようなことを言ってくる人は、自分より劣っている部分を見つけて攻撃することで、安心感を得たいのかもしれない。赤ちゃんに対して、「一人じゃ何もできないのにね」とは言わないように、明らかに能力に差がある相手には攻撃しないはず。たとえば、同僚に「仕事できないよね」と言われたとする。確かに相手は自分より仕事ができる。でも、相手は「自分も頑張っているのに、（あなたは）周りから人気があって、人生も楽しそう」など、あなたをうらやましいと思う部分があるのかもしれない。こんな風に、相手を攻撃することで、自分が上にいる感覚を得たいのではないだろうか。

もちろん傷つくことを言われたら、落ち込まずにはいられないけれど、そんな相手に構って自分を消費してしまうことほど、もったいないことはない。「私、良いところあってごめんね！」くらい、毅然とした態度でスルーしてしまおう。

相手は攻撃することで、安心感を得たい

相手が傷つくとわかっているようなことを、言ってくる人っているよね

そういう人は、単純にあなたを攻撃したいのではなく、きっと自分のことを守りたいんだと思う

7

明らかに能力に差がある相手には攻撃しないはず

あなたのことを見て、どこかうらやましい
気持ちがあって、そんな風に
なれない自分を認めようとしている

赤ちゃんに対して

と言うことはないように、

明らかに能力の差がある相手を
攻撃することはあんまりない

相手に構って自分を消費するのはもったいない

つまり、言われている時点で、
あなたはすごい部分が
あるということ!!
(ちょっと嫌な気持ちにはなるけどね…)

だから、そこは
「ま、そういうこと言いたい日もあるよね」
くらいで流しておいて、
あなたはあなたの人生に
集中しよ!

8

相手が自分の思い通りになったらいいのに…

相手に期待せず、自分が先に行動する

ちょっと嫌な態度を取ってくるあの人も、自分に振り向かせたいあの人も、全員自分の思い通りになったら、これほど楽なことはない。でも、自分自身の価値観を変えることすら難しいのに、相手の価値観や行動を変えるなんてもっと難しい。もちろん、長い年月をかけて働きかけていけば、何か変わるものもあるかもしれない。でも、その人の価値観は、生まれた時から積み重ねられてきた経験から成り立っているから、ちょっとやそっとの働きかけで変わることはあまりない。

だから、自分が変わってしまう。それがきっと一番早くて確実な方法。自分のことを大切にしてくれない相手なら、さっと身を引いてしまう。自分が大切にしたいと思う相手なら、自分が変われる部分を探してみる。でも、そこで相手に合わせすぎて苦しくなってしまったら離れていい。「頑張れば人は変わってくれるものだ」という期待は、最初から持たない方が楽なのかも。

相手の価値観や行動を変えるのは難しい

みなさんに残念な
お知らせ

8

人の価値観は生まれた時から積み重ねられている

もちろんあなたの働きかけによって、
少しずつ価値観や行動を
変えてくれることもある

でも、根本的な部分は
長い人生の中で少しずつ作られた
ものだから、数ヶ月、数年の
働きかけでは、変えられなかったりする

自分が変われる部分を探してみて

だから、その可能性にかけて
あなたが疲れてしまう前に、
自分の行動を変えてしまお！

もちろん自分を変えるのも
簡単なことではなく、
勇気や努力も必要だけど、
そっちの方が確実だよ

column

忙しくてしんどい

社会人５年目のＢ太さん。

後輩も増え、チームの中ではリーダーを任せられるなど、中堅層として頑張るけれど、その分、仕事量も多くなってきた。いつものように残業を乗り越えた、ある日の帰り道…。

忙しいと、ふと息をつくことすら忘れてしまいがち。このままで大丈夫なのか、進んでいる道は合っているのか、一旦立ち止まる時間も必要かも。

第4章

不安な気持ちに なった時

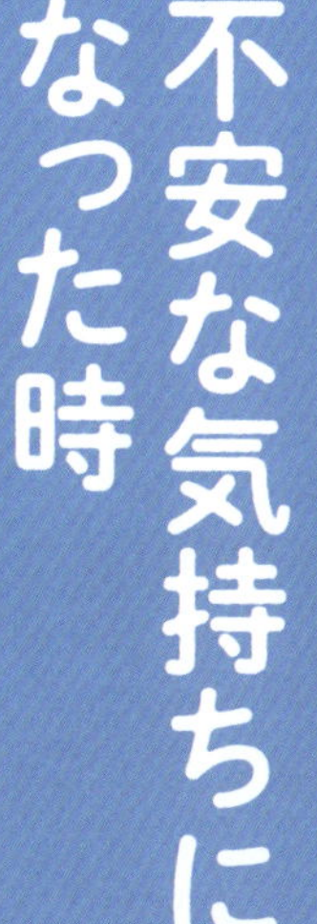

❶

他人がうらやましく感じる

今の自分も十分幸せ

なんでも器用にこなしちゃう人、誰が見ても「可愛い！」と思うような人、性格が良くて周りに慕われている人。そんな人を見て「自分もあんな風になれたらな…」とうらやましく感じてしまうこともある。「隣の芝生は青く見える」という言葉があるように、誰しも自分にはないものに目を向けてしまう傾向がある。ただ、上には上がいて、下には下がいるように、すごい人を見上げることもあれば、あなたも同じように誰かに見上げられていたりする。つまり、周りと比べることに終わりはない。

だから、そんな時は、自分が持っているものに目を向けてみる。安全な国で安心して生活を送れること、勉強や仕事ができる環境があること、家族や友だち、恋人が隣にいること。どれも誰かにとっては、どうしても手に入れたかったものだったりする。その当たり前じゃない価値に気づき、大切にしていくことで、私たちはもっと幸せになれるのかも。

上には上がいて、下には下がいる

「あー あの人はこうでいいな」
「自分もああだったらいいのにな」
と、周りがうらやましく見えること、
よくあるよね

でも、みんな必ず良い所があるから、
きっとあなたもそうやって
思われている部分があるはず

1

周りと比べることに終わりはない

人はないものに目を向けがちだけど、
それには終わりがない
だから、あるものに目を向けることで、
心はもっと豊かになるのかも

当たり前じゃない価値を大切にしていく

安心して生活ができること、
勉強や仕事ができる環境があること、
大切な人が横にいること、
全部当たり前じゃないから、
今ある日々を大切にしたいよね

❷

今の環境に違和感がある

違和感を見逃さない

普段の生活や仕事、人間関係において「今のままでいいのかな…」「この人とあまり気が合わないかも…」など、違和感を抱くことがある。でも、そんな違和感は無視してしまった方が、短期的に見たら楽なのかもしれない。転職活動は大変だし、人間関係にわざわざ亀裂を生む方がめんどくさい。また、「継続が大事」「我慢はえらい」という考えが強い社会では、「辞める」＝「逃げる」と見られ、後ろめたさまで感じてしまう。

しかし、そんなネガティブな直感は、これまでの人生における経験から生まれているため、当たっていることが多いらしい。過去にどんなことがあって、どんなつらい思いをしてきたのか、きっと自分が一番よくわかっているはず。続ければ続けるほど、どんどん辞めづらい状況を作ってしまうし、我慢をし続けるといつか限界も来てしまう。勇気は必要だけど、未来の自分のために、一歩だけ踏み出してみよう。

今のままでいいのかな…

何かをしている時、
ある人と接している時、
「なんか違う」と違和感を
持つ時ってあるよね

もしかしたら、それは…
現状を変えた方がいい
サインかも!!

2

ネガティブな直感は、当たることが多いらしい

直感って、これまでの人生で
積み重ねてきた経験から
生まれたものだから、
当たっていることが多いらしいよ

もちろん何事も継続するって
大事なことで、

今まで頑張ってきたあなたは
とてもえらいよ！

未来の自分のために、一歩だけ踏み出してみよう

でも、違和感を抱えながら
続けることによって、
さらに辞めづらい状況を
作ってしまい、

あなたの身も心もどんどん
疲弊してしまうかもしれない

「継続する」という行動自体が
評価されがちだからこそ、
辞める後ろめたさがあるけれど、

直感を信じる選択肢も持ってみてね

③

行動や考えに自信が持てない

自分の「好き」を大切にする

自信がある人とない人の違いは、物事の判断軸が「自分軸」か「他人軸」か、なのではないかと思う。たとえば、服を選ぶ時、「自分軸」の場合は、自分が「良い！」と感じるものを選び、「他人軸」の場合は、「周りから良いと思ってもらえるか」という点で選ぶ。前者は、その服を着て出かけると、きっと自分の気分も上がり、自信に現れる。一方で、後者は、「変じゃないかな？」と常に周りの目を気にしてしまう。

しかし、「自分軸」で選んだ服でも、周りから「それ変だよ」と言われたら、自信を失ってしまうかもしれない。ただ、それはあくまでも、その服を「良い」と思っている人が多いか、少ないかの問題。どんなに少なくても同じ意見を持つ人はどこかに必ずいて、あなたの感性が間違っている、なんてことはない。だから、自分の好きなものを貫いていい。自分の気持ちを大切にすることで、ちょっとずつ自信も伴ってくるのかも。

自分と同じ意見を持つ人はどこかに必ずいる

自分の行動や考えに
自信が持てない時は…
「他人軸で物事を見ている」
かもしれない！

他人が考えていることって、
どんなに考えてもわからないよね

だから、他人軸で物事を見ると、
その選択に自信を持つことが
難しかったりする

3

あなたの感性が間違っている、なんてことはない

一方で、自分軸で物事を見ると、
自分自身で感じることそのものが
答えだから、間違えることはない

選択自体には自信が
持てるはず

でも、もちろん自分の考えが
周りとズレてることもある

自分の好きなものを貫いていい

ただ、それはあくまでも
「意見が違った」という事実が
あっただけで、それが「不正解」
なんてことにはならないよ

ZENBU ONAJI "IKEN"

周りと意見が異なっても、
自分を否定せず、
「そういう考えもあるのね」と
視野を広げるきっかけにしちゃお

そうやってちょっとずつ自分軸を
大切にしていけるといいのかも

4

今日も何もできなかった

休むことも「やること」の一つ

やらなければいけないことがあるのに、なかなかやる気が出なくて、ダラダラと時間だけが過ぎていく…。そんな時、何もできない自分が嫌になってしまうけれど、大丈夫。意外とみんなそんなものだから。「頑張っている」ことが称賛される世の中、休んでいるところ、サボっているところを人には見せないようにしがち。だから、結果的に誰かが頑張っている姿や、上手くいっている姿ばかりが目に入ってくる。そうなると「みんな休まず頑張っているんだ…」なんて感じてしまうけれど、誰しも常に100%で頑張り続けることはできない。必ずどこかでゆっくりしている時間があるはずだから、周りと比べて頑張れない自分を責めないで。

「全くやる気が出ない」「身体が動かない」と感じるのは、心身共に疲れてしまっているサインかもしれない。しっかり休むことも、大事な「やること」の一つ。ないがしろにせず、たくさんダラダラしてね。

みんな必ずゆっくりしている時間があるはず

と、感じてしまう日、あるよね

でも大丈夫！
周りのみんなもそういう日、
絶対にあるから！

周りと比べて頑張れない自分を責めないで

「周りはもっと頑張ってる…
充実した日々を送ってる…」と
思うこともあるかもしれないけど、
都合が良くないことは、あまり人には
見せないようにするもの

見えている部分だけに注目して、
大きく捉えてしまわないでね

「何もできない…」と感じるくらい
やる気が出ないのは、
心や身体が疲れているサイン

つまり、今日のダラダラは、
明日のあなたにとっては必要な
時間だったということ！

休むことも、大事な「やること」の一つ

後悔してしまう日が多い場合は、
自分が休まるための時間が
十分に取れていない可能性もある

今の生活を見直すことも大切だよ

5

自分を選んでもらえなかった

あなたはあなたのままでいい

仕事で希望のポストに就けなかった。就職活動で憧れの会社に入れなかった。オーディションで落とされた。友だちや恋人として選んでもらえなかった。人生では、「誰かから選ばれる場面」がたくさんある。そこで選ばれなかった時、自分には価値がなかったように感じてしまう。その環境や相手が、自分が望んでいたものであればあるほど、そのつらさは計り知れないほど大きい。

でも、「あなたはあなたのままでいい」ということを忘れないでほしい。選ばれなかった理由は、単純に実力不足だった場合もあるけれど、努力でなんとかなる範囲を超えて、相手の過去の経験や好みが影響していることも多い。面接であれば、相手によって結果が変わるように、運要素もある。だから、相手に迎合して自分を押し殺す必要なんてない。ありのままのあなたを受け入れてくれる人は必ずいる。一つ一つの結果を重く受け止め過ぎず、そんな環境をゆっくり探していこ。

努力でなんとかなる範囲を超えた運要素もある

「誰かから選ばれる場面」で、
選んでもらえなかった時、
自分を否定されたような
気持ちになって、つらいよね…

そんな時に思い出してほしいこと！
それは…
「あなたはあなたのままでいい」
ということ！

5

一つの結果を重く受け止め過ぎないで

もしパン屋さんにクロワッサンを
食べたい人が現れたら
クロワッサンを選ぶよね

食パンが選ばれなかったのは、
その人の好みではなかっただけ

決して食パン自体が美味しくない
わけでもないし、
みんな食パンが嫌いなんて
ことでもない

相手に迎合して自分を押し殺す必要なんてない

食パンを必要としている人たちも
必ずいる

食パンが無理して
クロワッサンになる必要なんてない

だから、あなたはあなたの
ままでいいの!

あなたを必要としている
環境は必ずあるから、
落ち込み過ぎず、次に行こ!

6

周りと比べちゃう

「比較」は自分の成長のために使う

人は周りと比べてしまう生き物。「あの人よりできなかった」「この人には勝っているかも」なんていう風に、常に周りと比べてしまう。でも、その比較には終わりがなく、一人の相手に勝ったとしても、その上をゆく、新たな相手が出てくる。周りとの勝ち負けでしか自分を認めてあげられないと、いつまでも自分を肯定できなくなってしまう。

だから、「周りとの比較」は、「自分の順位を確認する」ためではなく、「自分に足りないところを補う」ためにする。一番の目的は、誰かに勝って上に立ち、安心感を得ることではなく、自分に足りない部分を見つけ、成長につなげていくこと。「あの人よりもここが苦手だから、もっと練習しよう」「周りよりもこういう部分は得意だから伸ばしていこう」など、あくまでも自分の成長のために「比較」を使っていく。そんな風にして、正しい方向に成長をしていく人こそが、自然と上の順位にいるのかもしれない。

周りと比較して落ち込み過ぎないで

周りと自分を比べて
落ち込んじゃうこと、
たくさんあるよね…

それは、自分が目指したい
理想の姿に向かっているから！

その気持ちはすばらしいこと！
でも、比べたせいで落ち込み
過ぎてしまうのはもったいないよ

6

そうならないために、
「周りとの比較」は
「自分の順位を確認するため」
ではなく
「自分に足りないところを補うため」
に使うといいのかも！

上には上がいて、下には下がいる
自分の順位を気にし始めると
終わりがなく、疲れてしまう

正しい方向に成長するために「比較」する

すごい人を見ると、自分がだめに
なったように感じたり、
自分の方が上だと思うと
急に自信がわいたりするけど、

比較して勝っても負けても、
あなた自身は何も変わらない

だから、周りとの比較は
自分の良いところや足りないところを
見直すきっかけとして使お！

⑦

新しい環境が不安

問題は現れた時に考える

誰しも初めての環境に対しては、不安を感じるもの。これは、自分を守るために危険を察知する、本能的で自然な感情だから、「不安になってしまう自分は弱い」なんて思わなくて大丈夫。でも、不安が大き過ぎると、掴むべきチャンスを逃したり、一歩踏み出す勇気を持てなかったりする。

そんな時は「現れた問題だけ考える」。新しい環境に行く時、「嫌な人がいるかも」「認めてもらえなかったらどうしよう」と、心配してしまうけれど、実際に行ってみないとわからないもの。今どんなに考えても、環境は変わらないはず。「頭ではわかっているけれど、それができないんだよ…」なんて声も聞こえてきそうだけれど、きっと大丈夫。今、あなたがここにいるのは、さまざまな困難を乗り越えてきたから。今後もつらいことがあるかもしれないけれど、乗り越えられるはず。問題が現れても、一人で抱え込む必要はないからね。一緒に考えていこ。

「自分は弱い」なんて思わなくて大丈夫

新しい環境に行くって、
すごく怖いよね

とか考えちゃう

でも、脳は危険を察知するように
できているから、そもそも新しい
環境に行くような「変化」が苦手！
緊張や不安を抱えるのは
自然なこと！

MINNA DOKI DOKI!

7

今どんなに考えても、環境は変わらないはず

そこで大事なのは
「現れていない問題は考えない、
現れた問題だけ考える」！

「友だちできなかったらどうしよう」
「うまく立ち回れなかったらどうしよう」
みたいな、「現れていない問題」は
たくさん考えたところで
解決するわけじゃない

問題が現れても、一人で抱え込まないでね

だから「気が合わない人がいた」
「やったことないことを任された」といった
「現れた問題」だけ考える！
「現れた問題」がないうちは、
不安になって悩む必要ないよ

気が合わない	→	距離を取る
やったことないことを任された	→	周りにやり方を教えてもらう

新しい環境は怖い気持ちも
あるけれど、同じくらい楽しいことも
きっとあるはず！
さまざまなことを乗り越えてきた
あなたならいけるよ！

8

漠然と不安を感じる

不安の正体を明らかにする

「不安」になってしまうのは、情報が少ないからなのかもしれない。初めて会う相手に緊張してしまうのは、相手がどんな人柄で、どんな話をするのかわからないから。一度会ったことのある相手であれば、そこまで不安はないはず。

だから、漠然とした不安を抱えているように感じたら、まずは理由を考える。「急にお金がなくなってしまったらどうしよう」「一生結婚できないのかな」「突然事故で死んでしまうかもしれない」なんていう風に、自分を不安にさせる理由があるはず。それが掴めたら、もっと知っていく。事故や病気はどうしても防げないけれど、その後に必要な行動を知っていたら、少し安心できるかもしれない。膨大なお金はなかったり、結婚していなかったりしても幸せな人の話を聞けば、視野を広げられるかもしれない。そんな風に不安の正体を明らかにしていくことで、漠然とした不安も和らいでいくのかも。

自分を不安にさせる理由はなんだろう

なぜ「不安」は怖いのか…
それは…
「よくわからない」から!!

誰しも「よくわからないもの」って
怖いよね
多くの「不安」はきっとそんな状態
わからないことが多いから怖さを感じる

8

不安の正体を掴んだら、もっと知っていこう

だから「不安」の怖さを
軽くするためには
「不安」の正体を暴くことが必要！

「不安」の原因を紙に書いてみて！
その中で、きっと自分が対策
できる「不安」とできない「不安」
が、見えてくるはず！

できる

- プレゼン失敗しちゃうかも…
- 締切間に合わないかも

できない

- 事故にあって大ケガするかも
- 大きな病気になったらどうしよう

対策できる不安を減らすことから始めてみる

対策できない「不安」を
完全に解消することはできないけれど、
まずは、
対策できる「不安」を減らすことから
始めてみよう

プレゼン失敗
するかも
↓
たくさん練習して
身体に染み込ませる

締切間に
合わないかも
↓
周りを
頼ってみる

おわりに

他の「誰か」になろうとするから
苦しくて
上手くいかない
「あなたはあなたのままでいいんだよ」

最後までお付き合いくださり、ありがとうございました！「まいにちパン子」のテーマであり、この本のタイトルにもなっている「あなたはあなたのままでいいんだよ」は、作者の私が一番大事にしている言葉でもあります。

昔の自分は「他人の価値観」の中で生きていました。周りから認められないと、自分を大切にしてもらえない、居場所がなくなってしまう。そう考えて、常に怯えていました。自分に向いているか、やりたいことなのか、そんなことは考えず、キラキラして見えたダンスを始めたり、世間的に評価されている大学や就職先を目指したり。とにかくみんなが憧れるような、すごいと思うようなことばかり追い続け、上手くいかないと自分を否定し、精神的に追い込みました。でも、「他人の価値観」で選んだ選択は、すべて失敗しました。当時は苦しかったけれど、「みんなに認められる人物像」から外れた瞬間、やっと自分の人生を生きられるような感覚を持ちました。他の「誰か」になろうとするから、苦しくて、上手くいかない。背伸びをせず、自分ができること、やりたいことに目を向ける。自分の価値観で生きると、やるべきことが明確になり、物事が上手く進みやすくなったのです。そして、どんな自分でも認めてくれる人は意外といて、「みんなに認められる人物像」は、自分が勝手に作り出した虚像であったことに気づきました。

まだまだ生きづらい世の中だけど、自分は自分のままでいることが、一番楽に生きる方法なのではないかと思います。自分を認めてあげることはすごく難しいけれど、それをできた人がきっと自分の幸せを手にできる。だから、あなたはあなたのままでいい。この本を通して、そう感じるきっかけを作ることができたら、これ以上嬉しいことはありません。

最後に、この本を出すきっかけを作ってくださった自由国民社の原様、いつも「まいにちパン子」を支えてくださっている皆様、この本を手に取ってくださった読者の皆様に、心より御礼を申し上げます。

あなたは
あなたのままで
いいんだよ

2025年2月17日　初版第1刷発行
2025年4月10日　初版第2刷発行
著者　キョン
発行者　竹内尚志
発行所　株式会社自由国民社
〒171-0033
東京都豊島区高田3-10-11
https://www.jiyu.co.jp/
電話03-6233-0781（代表）
印刷所　株式会社シナノ
製本所　新風製本株式会社
ブックデザイン　長　信一
本文DTP　有限会社中央制作社